BEI GRIN MACHT SICH IHR WISSEN BEZAHLT

- Wir veröffentlichen Ihre Hausarbeit,
  Bachelor- und Masterarbeit

- Ihr eigenes eBook und Buch -
  weltweit in allen wichtigen Shops

- Verdienen Sie an jedem Verkauf

Jetzt bei www.GRIN.com hochladen
und kostenlos publizieren

Bibliografische Information der Deutschen Nationalbibliothek:

Die Deutsche Bibliothek verzeichnet diese Publikation in der Deutschen National-
bibliografie; detaillierte bibliografische Daten sind im Internet über http://dnb.d-
nb.de/ abrufbar.

Impressum:

Copyright © 2016 GRIN Verlag, Open Publishing GmbH
Druck und Bindung: Books on Demand GmbH, Norderstedt Germany
ISBN: 9783668387089

Dieses Buch bei GRIN:

http://www.grin.com/de/e-book/352153/kolumbienkonflikt-kein-ende-in-sicht

Alexander Ionov, Miguel da Cruz, Robin Specht

Kolumbienkonflikt. Kein Ende in Sicht?

GRIN Verlag

Gymnasium Glinde

Oher Weg 24

21509 Glinde

DER KOLUMBIENKONFLIKT

Kein Ende in Sicht?

Unterrichtsfach: Wirtschaft/Politik

Semesterthema: Konflikte und Kooperation in den internationalen Beziehungen

Kurs: QII wpo ab

Abgabedatum: 21.11.2016

Alex Ionov, Miguel da Cruz, Robin Specht

Inhaltsverzeichnis

1. Vorwort

Der Kolumbienkonflikt ist der am längsten andauernde Konflikt Lateinamerikas. Er besteht seit dem Jahr 1964 und hat bislang über 260.000 Menschenleben gefordert. Anfang Oktober diesen Jahres bestand zum ersten Mal seit Beginn des Konflikts ein Lichtblick für einen endgültigen Frieden in Kolumbien.[i] Ein Friedensvertrag, dessen Ausarbeitung vier Jahre beansprucht hat, sollte dem 50-jährigen Bürgerkrieg ein Ende bereiten. Der kolumbianische Präsident wurde für seine Friedensbemühungen mit dem Nobelpreis ausgezeichnet.[ii] Doch der Frieden wurde in einem nicht bindenden Referendum von den Bürgern abgelehnt.[iii] Kann man davon ausgehen, dass auch in mehreren Jahrzehnten der Konflikt nicht beendet sein wird und Frieden eingekehrt ist? Ist „kein Ende in Sicht"? Davon handelt diese Ausarbeitung. Sie beschränkt sich dabei auf den Konflikt zwischen dem Staat Kolumbien und der FARC, der größten und aktivsten Guerillaorganisation Lateinamerikas[iv], weil man eventuell davon ausgehen kann, dass sich der Konflikt entschärfen wird, sobald die Regierung Kolumbiens und die FARC in Frieden sind.

2. Konfliktinhalt

2.1 Konfliktgegenstände

Das Heidelberger Institut für internationale Konfliktforschung (HIIK) gibt drei Konfliktgegenstände an: das politische System/Ideologie, die innerstaatliche Vorherrschaft und den Kampf um Ressourcen[v]. Die ideologische Ausrichtung der FARC ist der Marxismus. Sie möchten die soziale Ungleichheit in Kolumbien bekämpfen, denn Kolumbien gehört zu den Ländern der Welt mit der größten sozialen Ungleichheit. So erreichte Kolumbien im Jahre 2012 einen Gini-Index[1] von 53,5.[vi] Die soziale Ungleichheit hängt mit der zwar offiziell demokratischen, aber der äußerst korrupten Regierung[vii] zusammen, die nur die Reichsten bevorzugt und so maßgeblich zur sozialen Ungleichheit beiträgt. Ferner hat die FARC weite Teile des Landes, vor allem ländliche Regionen unter seine Kontrolle gebracht, wo das Militär und andere rechte paramilitärische Gruppen versuchen, die Gebiete zurückzuerobern, während die Zivilbevölkerung in diesen Gebieten leidet.[viii] Die FARC hat es außerdem auf die Kontrolle des Koka-Anbaus abgesehen. 70% des weltweiten Kokains kommt aus

---

[1] Gini-Index: Statistisches Maß zur Beschreibung von Ungleichheit bezüglich Einkommen. Ein Wert von 100 gibt absolute Ungleichheit an (nur eine Person erhält das komplette Einkommen).

Kolumbien. Dieser Verkauf bringt extrem hohe Einnahmen. Offiziell möchte zwar die Regierung den Kokaanbau bekämpfen, jedoch stehen Regierungsmitglieder in Verbindung mit den Drogenkartellen und stehen so in Konkurrenz um Drogenanbaugebiete mit der FARC, was den Konflikt weiter anheizt.[ix]

2.2 Konfliktintensität

In den letzten 20 Jahren hat sich die Intensität des Konfliktes nahezu nicht verändert. Das HIIK stufte ihn mit der „4" als begrenzten Krieg ein.[x] Im Moment dauert jedoch ein Waffenstillstand an, der am 22.Juni 2016 von den Konfliktparteien unterzeichnet wurde und bis Dezember gilt.[xi] Vor allem die Zivilbevölkerung hat unter dem Krieg gelitten, denn acht von zehn Getöteten (insgesamt 260.000) sind Zivilisten.[xii] Bis zum Waffenstillstand hielt der wiederholte und organisierte Einsatz von Gewalt vor allem in den ländlichen Regionen im Zuge der Konkurrenz um Drogenanbaugebiete an. Doch Zivilisten starben nicht nur bei Massakern, sondern auch heute noch sterben täglich Kinder an den Folgen von Landminen. Systematisch wurden Bombenanschläge vor allem auf die logistische Infrastruktur des Landes wie Elektrizitätswerke o. ä. durchgeführt, infolgedessen es 2015 sogar zu einer Ölkatastrophe im Land kam, da FARC-Rebellen Anschläge auf Tanklastwagen verübt haben sollen.[xiii] So konterte die Regierung mit zahlreichen Offensiven gegen die FARC-Rebellen, vor allem unter Präsident Uribe, der eine „Null-Toleranz-Politik"[2] betrieb.[xiv] Festzuhalten ist, dass kein kontinuierlicher Einsatz von Gewalt im Laufe eines Jahres bestand, sondern immer wieder einzelne Anschläge seitens der FARC kamen, auf die die Regierung mit Offensiven reagierte.

2.3 Konfliktursachen

Vordergründig bei den Ursachen des Konfliktes steht die Frage um den Besitz von Land verbunden mit einer großen sozialen Ungleichheit. Kolumbien betrieb schon immer eine liberale Wirtschaftspolitik, die bis zur Weltwirtschaftskrise (ab 2007) internationale Unternehmen anlockte.[xv] Davon profitierte aber nur ein kleiner Teil der Bevölkerung, was die Folge hatte, dass sich Unzufriedenheit im restlichen Teil der Bevölkerung ausgebreitet hat. Dies trug zum Zulauf der Bevölkerung zu illegalen

---

[2] Null-Toleranz-Politik: Lückenlose Verfolgung von Regelverletzungen im öffentlichem Raum

Gruppierungen bei. Zwei Drittel der Landflächen lagen im Besitz von Grundbesitzern, die nur etwa 0,4% der Gesamtbevölkerung ausmachten.[xvi] Das jahrhundertalte Hazienda-System[3] besteht bis heute, wenn auch in leicht veränderter Form.[xvii] Die fehlende Perspektive landloser Bauern in dem in sich abgeschlossenen sozialen System der Hazienda war auch der Grund, warum die FARC überhaupt ins Leben gerufen wurde. Sie wurde gegründet, um sich für die Rechte der Bauern einzusetzen und so die Landfrage zu klären.[xviii] Die soziale Ungleichheit wird überlagert durch einen handlungsunfähigen Staat. Fehlende Rechtstaatlichkeit führt zu einer extrem hohen Straflosigkeit von Gewaltverbrechern. Von 100 Verbrechen[xix] wurden nur 31,5% angezeigt. Dennoch kam es nur 2,8% zu Verfahren. In diesen gab es nur 1,7% Verurteilungen. Man kann also von keiner Rechtsstaatlichkeit sprechen, die wiederrum eine politische Kultur der Gewalt erzeugt, denn so ist es möglich Verbrechen zu begehen und unbestraft davon zu kommen. Den Staat Kolumbien kennzeichnen des Weiteren Wahlmanipulationen, so wurden im Jahre 1990 wurden vier Präsidentschaftskandidaten ermordet, bis heute sind die Morde unaufgeklärt.[xx] Klientelismus, Vetternwirtschaft und Korruption untergraben die existierenden Institutionen und machen Kolumbien zur Scheindemokratie, was wiederrum zu sozialen Spannungen führt und den Kampf um die Macht weiter antreibt. Außerdem ist der Einfluss des Militärs in Kolumbien groß, was weiter zur politischen Kultur der Gewalt beiträgt.[xxi] Bis heute ist es Kolumbien nicht gelungen ein legitimes Gewaltmonopol zu schaffen. Dies sieht man beispielsweise anhand des Parapolitik-Skandals im Jahre 2008, wo man nachgewiesen hat, dass es Verbindungen von Paramilitärs zum Staat gibt.[xxii] Es ist erkennbar, dass neben der sozialen Ungleichheit auch strukturelle Probleme des Staates bestehen, die zum Beenden des Konfliktes in Kolumbien bedacht werden müssen.

3. Konfliktparteien und Konfliktverlauf

   3.1 Vorgeschichte und Konfliktparteien

Der andauernde Kolumbienkonflikt ist tief in der Geschichte Kolumbiens verwurzelt. Nach der Entdeckung Kolumbiens durch Spanien (1499) und der gewaltsamen Loslösung von der Kolonialmacht gründete Bolivar 1819 Großkolumbien (beinhaltete

---

[3] Bezeichnung für feudale Strukturen in Lateinamerika

auch Venezuela und Ecuador), das kurze Zeit später zerfiel. Zwischen Bolivar, der nun Präsident Kolumbiens wurde, und Santander (Vizepräsident) entfachte sich Streit bezüglich der Ausrichtung der Verfassung Kolumbiens. Während Bolivar eine konservative Verfassung vorsah, wollte Santader eine liberale Verfassung durchsetzen. Daher entschied sich Bolivar zur Errichtung einer Diktatur, bis der Streit geklärt worden wäre. Unterdessen entwickelte sich um Bolivar eine konservative Partei, um Santander die liberale Partei. Im Laufe der Jahre verhärteten sich die Fronten. Der Verfassungsstreit mündete schließlich im Krieg der Tausend Tage (1899-1902) sowie im Bürgerkrieg (1948-1952, auch Violencia), in denen auch es gewaltsame Aneignungen von Kleinbauernland durch Großgrundbesitzer gab.[xxiii] Unter der Führung der Kommunistischen Partei organsierten sich Bauern zu Selbstverteidigungsgruppen, um politische Mitbestimmung zu erhalten und so radikale Agrarreformen durchzusetzen. Sie gründeten unabhängige Republiken zur politischen Autonomie, darunter die Republik Marquetila. Nach der Zurückeroberung des Gebietes durch die Regierung gründeten die Führer der Kampfgruppe Maralanda und Arenas eine eigene Kampforganisation (Bloque Sur), die sich mit anderen Kampfgruppen zur Fuerzas Armadas Revolucionarias Colombianas (FARC) 1966 zusammengeschlossen hat und als militärischer Arm der Kommunistischen Partei wirkte.[xxiv] Zusammen mit einer weiteren Kampforganisation (ELN) bilden sie die größten Guerillaorganisationen. Guerilla steht für paramilitärische Einheiten, die einen Guerillakrieg (wortwörtlich) Kleinkrieg führen. Diesen steht die kolumbianische Regierung gegenüber, die von der Polizei, dem Militär und den USA unterstützt wird. Am Konflikt waren auch rechtsextreme paramilitärische Gruppierungen beteiligt, die von Großgrundbesitzern bezahlt wurden. Daneben ist auch die Drogenmafia indirekt am Konflikt beteiligt, denn die Konfliktparteien werden durch diese finanziell unterstützt. Die Zivilbevölkerung ist direkt am Konflikt beteiligt, sie wird häufig Ziel von Anschlägen der Konfliktparteien.[xxv] Da zwischen den einzelnen Konfliktparteien eigene Konflikte bestehen, beschränken wir uns im Folgenden auf den Konflikt zwischen der FARC und der Regierung.

3.2 Interessen der Regierung und der FARC

Oberstes Interesse der Regierung war es lange Zeit das Gewaltmonopol des Staates zurückzuerlangen. Voraussetzung war dafür die Unterdrückung der militärischen Macht und die Zerschlagung der FARC, vor allem unter Uribe (2002-2010). Weiteres Interesse war die Beendigung der Drogenökonomie. Inzwischen hat sich der Kurs der Regierung gewandelt. Der derzeitige Präsident Juan M. Santos hat die Politik von Uribe weiterverfolgt, aber er entschied auch, die Risiken von Friedensgesprächen auf sich zu nehmen.[xxvi] Inzwischen ist sein eindeutiges Ziel, den Frieden mit politischen Mitteln herbeizuführen und es zur Aussöhnung mit der FARC kommen zu lassen. Auch die Interessen der FARC haben sich im Laufe der Jahre einem Wandel unterzogen. In den 60er Jahren noch für die Verbesserung der sozialen Lage der Landbevölkerung kämpfend, strebte die FARC in den letzten Jahren die Verbesserung der sozialen, wirtschaftlichen und politischen Lage der Zivilbevölkerung an.[xxvii] Dafür will sie für sich ein politisches Mitspracherecht und demokratische Mitbestimmung sowie Korruptionsbekämpfung auf allen Ebenen durchsetzen. Daneben soll der Einfluss des Militärs zurückgehen, sodass es keine innenpolitischen Funktionen ausfüllen kann. Außerdem sollen die Sozialausgaben erhöht werden und Entwicklungsprogramme für die ländlichen Regionen geschaffen werden, um den Lebensstandard der Landbevölkerung zu verbessern.[xxviii] Aber auch die FARC möchte den Konflikt mit politischen Mitteln beenden und eine nicht-militärische Lösung des Drogenproblems herbeiführen, wie sie schon 1993 in einem Zehn-Punkte-Plan festhielt.

3.3 Mittel der Durchsetzung der Interessen der Konfliktparteien

Die FARC verfügt geschätzt 8000 Kämpfer mit dem Stand von 2013. Wenn man dies mit der Anzahl aus den 90er Jahren vergleicht (20.000 Kämpfer), kann man schon von einer deutlichen Entmilitarisierung sprechen. Die bevorzugten Waffen sind Sturmgewehre des Typs AK-47.[xxix] Darüber verfügt sie auch über einzelne Panzer sowie Hubschrauber. Politischer Handlungsdruck wird mit Hilfe von Entführungen erzeugt. Diese diente auch zur Finanzierung. Großes Aufsehen erregte so die Entführung der Präsidentschaftskandidatin Ingrid Betancourt, die von 2002 bis 2008 in Gefangenschaft der FARC war.[xxx] Auch wurden Passagierflugzeuge entführt. 2012 hat jedoch die FARC in einer Videobotschaft versprochen, keine Entführungen mehr durchzuführen. Außerdem hat die FARC ihre Interessen mit Hilfe Sprengungen staatlicher Infrastruktur (Strommasten, Fernmeldetürme ect.) durchsetzen wollen.[xxxi] Des Weiteren wurden Massaker an der Zivilbevölkerung durchgeführt, die politische Zeichen setzen sollten.

Der FARC steht ein traditionell schwaches Militär[4] gegenüber, weshalb man sich häufig in der Geschichte des Konflikts zur Einleitung von Friedensverhandlungen entschied.[xxxii] Bis zur Aufnahme der Friedensverhandlungen im Jahre 2012 hatte die Regierung Kopfgelder für getötete FARC-Kämpfer ausgesetzt. Verhaftungen von FARC-Mitgliedern konnten ohne richterlichen Beschluss vollzogen werden. Besonders hat die Regierung sich aber sich auf die Tötung der Führungsmitglieder der FARC konzentriert.[xxxiii]

3.4 Unterstützer beider Parteien

Die FARC wurde bis 1991 von der Sowjetunion und Kuba finanziell und durch Waffen aufgrund der marxistisch-leninistischen Ausrichtung der FARC unterstützt. Bis heute soll außerdem Venezuela mit der FARC kooperieren[5]. So sollen nicht nur Gelder in Höhe von 300 Millionen Euro geflossen sein. Nach einem Militärschlag gegen die FARC der Regierung soll Chavez Streitkräfte in das Grenzgebiet beordert haben.[xxxiv] Im Gegenzug sollten FARC-Mitglieder unbequeme Oppositionelle in Venezuela ausschalten. Dies konnte aber nie sicher bestätigt werden. Schon seit Beginn des Konflikts wird die FARC durch Drogenkartelle unterstützt bzw. ist in sie eingebunden. Drogenproduktion und – schmuggel sind Haupteinnahmequelle der FARC (geschätzt 3,9 Milliarden/Jahr).[xix] Die UNO schätzt, dass 70% der Kokaanbauflächen in Kolumbien mit der FARC in Verbindung stehen.[xxxv] Wenn es zu einem endgültigen Frieden kommen soll, müssen sich die FARC und alle anderen Guerillas aus dem Drogengeschäft zurückziehen. Die Regierung wird vor allem von den USA innerhalb des Plan Columbia (Plan zur Bekämpfung von Drogenhandel und Guerilla) unterstützt. Im Jahr 2005 gab es für die Kolumbien 3,7 Milliarden Euro Militärhilfe sowie personelle Unterstützung in Form beauftragter Sicherheitsfirmen.[xxxvi] Auch die Regierung soll in Drogengeschäfte eingebunden sein, wie die FARC behauptet.

3.5 Regelung des Staates und von supranationalen Organisationen bisher

Bereits im Jahre 1991 wurde eine neue Verfassung für Kolumbien verabschiedet, die die sozialen als auch politischen Rechte des Volkes vergrößert hat.[xxxvii] Beispielsweise werden nun alle politischen Ämter per Volksentscheid vergeben. Auch wurden schon Friedensverhandlungen durchgeführt, so unter dem Präsidenten Betancour (1982-

---

[4] Vgl. Jäger et al. 2006,S.25
[5] Laut einem Bericht des International Institute for Strategic Studies (London)

1986) oder unter Pastrana (1999-2002). Sie sind jedoch an der mangelnden Kompromissfähigkeit der Guerilla gescheitert. In den letzten Jahren hat sich die EU im Rahmen von sogenannten Friedenslaboren (Laboratorio de Paz) engagiert.[xxxviii] Die EU-Gelder (bisher 34,8 Millionen), die über dortige NGOs fließen, sollen Bauern und Handwerkern, die bisher in die Drogenökonomie eingebunden waren, die Attraktivität legaler Tätigkeiten nahelegen, in der Hoffnung, das Gewaltpotential einzudämmen. Auch der derzeitige Friedensprozess wird seit Ende 2015 von der EU mit einem Sondergesandten (Eamon Gilmore) unterstützt.[xxxix] Anfang dieses Jahres haben auch die Vereinten Nationen eine Beobachtermission nach Kolumbien entsandt, um sicherzustellen, dass es auch wirklich zu einem Frieden kommt.[xl] Da es um einen innerstaatlichen Konflikt handelt, muss Kolumbien ihn weitestgehend alleine bewältigen. Die internationalen Organisationen können nur eine unterstützende Funktion erfüllen, d.h. sie können nicht mehr tun als den Friedensprozess zu unterstützen.

4. Konfliktprognose
4.1 Über die Hoffnung der Friedensverhandlungen

Der Friedensvertrag, der über vier Jahre ausgearbeitet worden war, beinhaltet die Demobilisierung der FARC unter UNO-Aufsicht, die Umstrukturierung des Rechtssystems und die Zulassung der FARC als politische Partei. Darüber hinaus wurde den Mitgliedern der FARC weitreichende Straffreiheit gewährt.[xli] Diese Straffreiheit ist vermutlich der Hauptgrund für die Ablehnung des Abkommens durch die Bevölkerung am 02.10.16. Dabei ist auffällig, dass die ländliche Bevölkerung mehrheitlich für die Annahme des Friedensvertrags gestimmt hat, die städtische dagegen. Obwohl die FARC Neuverhandlungen mehrfach abgelehnt hat, hat sie der Wiederaufnahme der Gespräche beginnend am 23.10.16 zugestimmt. Sollte es bei diesen Gesprächen erneut zu einem Friedensabkommen kommen, plant der Präsident es nur dem Kongress zur Ratifizierung vorzulegen.[xlii] Sollte dieser Fall eintreten, müsste die kolumbianische Bevölkerung die FARC sowohl auf gesellschaftlicher als auch politischer Ebene integrieren. Da davon auszugehen ist, dass der Vertag nicht wesentlich verändert wird, wird die FARC nach den Parlamentswahlen im Jahre 2018 fünf Mandate sowohl im Senat als auch im Repräsentantenhaus erhalten wird, selbst wenn sie die Dreiprozenthürde nicht erreicht. Da die FARC keine Führungspersönlichkeiten hat, die nicht durch Verbrechen belastet sind, werden in diesem Fall Kriminelle im Parlament sitzen, was die bereits angeschlagene Demokratie weiter belasten wird. Gesellschaftlich würde die Integration der FARC-Mitglieder bedeuten, dass die Gesellschaft mit 7.000 bis 8.000 größtenteils unqualifizierten Menschen belastet würde, die jahrelang nur den Umgang mit Waffen gewohnt waren.[xliii] Dies könnte zur erhöhten Kriminalität führen, die wiederrum zu verstärkten Vorurteilen gegenüber FARC Mitgliedern führen kann. Die sich ausgeschlossen fühlenden FARC-Mitglieder könnten sich der ELN (kleinere Guerillaorganisation) anschließen oder kriminelle Banden bilden. Beides würde Kolumbien belasten. Dies könnte den Friedensschluss der Regierung mit der ELN weiter erschweren. Sollte es nicht zu einer Einigung kommen, ist es laut einem Friedensforscher[xliv] wahrscheinlich, dass sich die gesamte FARC mit der ELN verbünden könnte, da die FARC aktuell zu schwach ist, um erneut auf Konfrontationskurs zu gehen.[xlv] Die ELN hat jüngst Friedensgespräche abgesagt und wieder Anschläge verübt, also ist noch Konfliktpotential bei der ELN vorhanden.[xlvi]

5. Schluss

Für einen endgültigen Frieden müssen die Aspekte des zivilisatorischen Hexagons erfüllt werden. Ein Gewaltmonopol in Kolumbien liegt außerhalb des Staates (->2.3). Von einer Rechtsstaatlichkeit kann man nicht sprechen (-> 2.3), wenn Kriegsverbrecher nicht bestraft werden. Dies erzeugt wiederrum eine politische Kultur der Gewalt, die durch die Geschichte Kolumbiens, wie ein roter Faden verläuft (->3.1). Eine konstruktive Konfliktkultur liegt also nicht vor. An der demokratischen Partizipation hat sich bislang viel getan, von Korruptionsfreiheit kann man bislang aber nicht sprechen (-> 2.1). Dennoch liegt immer noch soziale Ungleichheit vor (-> 2.1), wie der hohe Gini-Index veranschaulicht. Wenn die ELN Friedensgespräche absagt und Anschläge verübt, zeugt das außerdem von keiner guten Affektkontrolle (-> 4.1.). Die Aspekte des zivilisatorischen Hexagons für den Frieden werden also nicht erfüllt. Die Durchführung von Friedensverhandlungen alleine muss kein Ende des Konfliktes bedeuten, wie zahlreiche schon durchgeführte Verhandlungen zeigen (->3.5). Ein Friedensvertrag bietet natürlich den Ansatz für die Lösung des Konfliktes, unabhängig davon wird er aber sich evtl. in die Gesellschaft und Politik verlagern (-> 4.1). Aus diesen Gründen ist wahrscheinlich kein endgültiger Frieden in Sichtweite.

A. Anhang

A.I Endnoten/Quellenangaben

[i] https://www.welt.de/politik/ausland/article146806742/Fuenf-wichtige-Fakten-zum-Deal-mit-den-Farc-Rebellen.html (letzter Zugriff: 12.11.2016, 12:33)

[ii] http://www.zeit.de/politik/2016-10/nobelpreis-friedensnobelpreis-2016-bekanntgabe-live (letzter Zugriff: 12.11.2016, 12:39)

[iii] http://www.spiegel.de/politik/ausland/kolumbien-warum-das-referendum-scheiterte-a-1115014.html (letzter Zugriff: 12.11.2016, 12:33)

[iv] http://www.drogenmachtweltschmerz.de/tag/farc/ (letzter Zugriff: 12.11.2016, 16:33)

[v] https://www.hiik.de/de/konfliktbarometer/ (letzter Zugriff: 12.11.2016, 12:33)

[vi] http://www.laenderdaten.de/wirtschaft/gini-index.aspx (letzter Zugriff: 12.11.2016, 12:33)

[vii] http://www.laenderdaten.de/indizes/cpi.aspx (letzter Zugriff: 12.11.2016, 12:33)

[viii] http://www.whywar.at/guerilla_kolumbien (letzter Zugriff: 12.11.2016, 12:33)

[ix] http://www.hsfk.de/fileadmin/HSFK/hsfk_downloads/report0504.pdf (letzter Zugriff: 12.11.2016, 12:33)

[x] https://www.hiik.de/de/konfliktbarometer/ (letzter Zugriff: 12.11. 2016, 17:14)

[xi] http://www.zeit.de/politik/ausland/2016-10/kolumbien-waffenstillstand-farc-verlaengert-juan-manuel-santos

[xii] http://derstandard.at/2000017968434/Kolumbien-Armee-ermordete-Zivilisten-keine-Strafe-fuer-Generaele (letzter Zugriff: 12.11. 2016, 17:14)

[xiii] http://www.tagesanzeiger.ch/ausland/standard/FarcRebellen-sollen-Oelkatastrophe-verursacht-haben/story/19360627 (letzter Zugriff: 12.11. 2016, 17:14)

[xiv] https://amerika21.de/2015/05/123283/uribisierung-friedensprozess (letzter Zugriff: 12.11. 2016, 17:14)

[xv] https://www.neues-deutschland.de/artikel/922366.werden-in-kolumbien-weichen-gestellt.html (letzter Zugriff: 12.11. 2016, 17:14)

[xvi] https://amerika21.de/analyse/140344/zidres-kolumbien (letzter Zugriff: 12.11. 2016, 17:14)

[xvii] https://de.wikipedia.org/wiki/Hazienda (letzter Zugriff: 12.11. 2016, 17:14)

[xviii] http://www.bpb.de/internationales/weltweit/innerstaatliche-konflikte/54568/konfliktportraets (letzter Zugriff: 12.11. 2016, 17:14)

[xix] Jäger, Thomas (2007):
Die Tragödie Kolumbiens. Wiesbaden: VS Verlag für Sozialwissenschaften.

[xx] Cadavid, Rafael (2010):
Kolumbien unzensiert. Bremen: Europäischer Hochschulverlag GmbH & Co. KG

[xxi] http://www.zeit.de/news/2016-06/23/konflikte-kolumbien-waffenstillstand-zwischen-militaer-und-rebellen-23091803 (letzter Zugriff: 12.11. 2016, 17:14)

[xxii] http://www.askonline.ch/fileadmin/user_upload/documents/Politik/Parapolitik.pdf (letzter Zugriff: 12.11. 2016, 17:14)

[xxiii] https://www.liportal.de/kolumbien/geschichte-staat/ (letzter Zugriff: 12.11. 2016, 17:14)
(letzter Zugriff: 12.11. 2016, 17:14)

[xxiv] http://kolumbieninfo.blogspot.de/p/kurze-geschichte-der-farc-ep.html (letzter Zugriff: 12.11. 2016, 17:14)

[xxv] König, Hans-Joachim (2008)
Kleine Geschichte Kolumbiens. München: C.H.Beck oHG

[xxvi] http://www.spiegel.de/politik/ausland/kolumbien-praesident-juan-manuel-santos-hofft-weiter-auf-farc-abkommen-a-1115380.html (letzter Zugriff: 12.11. 2016, 17:14)

[xxvii] http://www.kas.de/kolumbien/de/publications/36294/ (letzter Zugriff: 12.11. 2016, 17:14)

[xxviii] http://www.deutschlandfunk.de/buecher-ueber-kolumbien.730.de.html?dram:article_id=101539 (letzter Zugriff: 12.11. 2016, 17:14)

[xxix] https://www.welt.de/politik/ausland/article156494929/So-wird-Kolumbien-zu-Amerikas-neuem-Superstar.html (letzter Zugriff: 12.11. 2016, 17:14)

[xxx] http://www.deutschlandfunk.de/kolumbien-ingrid-betancourt-ruft-zur-versoehnung-auf.1773.de.html?dram:article_id=353612 (letzter Zugriff: 12.11. 2016, 17:14)

[xxxi] http://www.farc.de/downloads/nachrichten_2008/Wer_entfuehrt_in_Kolumbien.pdf (letzter Zugriff: 12.11. 2016, 17:14)
[xxxii] Koessl, Manfredo (2014):
Gewalt und Habitus – Paramilitarismus in Kolumbien. Berlin: Lit Verlag Dr. W. Hopf
[xxxiii] http://www.mopo.de/konflikte-kolumbien-zahlt-kopfgeld-fuer-toetung-von-farc-vize-20125032 (letzter Zugriff: 12.11. 2016, 17:14)
[xxxiv] https://www.welt.de/politik/ausland/article8742535/Chavez-schickt-Soldaten-an-die-Grenze-zu-Kolumbien.html (letzter Zugriff: 12.11. 2016, 17:14)
[xxxv] http://www.drogenmachtweltschmerz.de/2016/08/kolumbien-frieden-mit-der-farc-ist-das-land-bereit/ (letzter Zugriff: 12.11. 2016, 17:14)
[xxxvi] http://www.corpwatch.org/article.php?id=672 (letzter Zugriff: 12.11. 2016, 17:14)
[xxxvii] http://lateinamerika.phil-fak.uni-koeln.de/fileadmin/sites/aspla/bilder/arbeitspapiere/flock.pdf (letzter Zugriff: 12.11. 2016, 17:14)
[xxxviii] http://lateinamerika-nachrichten.de/?aaartikel=ich-bin-eine-ueberlebende (letzter Zugriff: 12.11. 2016, 17:14)
[xxxix] http://www.gilmore.ie/euenvoy/ (letzter Zugriff: 12.11. 2016, 17:14)
[xl] http://www.sueddeutsche.de/politik/friedensprozess-in-kolumbien-un-beobachter-sollen-waffenruhe-in-kolumbien-sicherstellen-1.2825933 (letzter Zugriff: 12.11. 2016, 17:14)
[xli] http://www.deutschlandfunk.de/kolumbien-friedensprozess-auf-wackligen-fuessen.1773.de.html?dram:article_id=370541 (letzter Zugriff: 12.11. 2016, 17:14)
[xlii] http://www.zeit.de/politik/ausland/2016-09/kolumbien-farc-regierung-friedensabkommen-unterzeichnung-26-september-cartagena (letzter Zugriff: 12.11. 2016, 17:14)
[xliii] http://info.arte.tv/de/kolumbien-gestern-feinde-heute-kollegen (letzter Zugriff: 12.11. 2016, 17:14)

[xliv] http://www.spiegel.de/politik/ausland/kolumbien-praesident-juan-manuel-santos-hofft-weiter-auf-farc-abkommen-a-1115380.html (letzter Zugriff: 12.11. 2016, 17:14)
[xlv] http://farc.de/downloads/nachrichten_2015/semana_16_01_2015.pdf (letzter Zugriff: 12.11. 2016, 17:14)

[xlvi] https://www.domradio.de/themen/weltkirche/2016-11-14/neue-zweifel-friedensverhandlungen-mit-eln (letzter Zugriff: 12.11. 2016, 17:14)